ACTION IM DINOSAURIER-PARK

Das ist AMEET-Qualität

Bevor wir ein Buchprogramm planen und die einzelnen Bücher entwickeln, besuchen wir unsere kleinen Leser und ihre Eltern zu Hause.

Wir wollen wissen, was Kinder lieben, was sie cool finden, was sie erwarten, wenn sie ein Lese- oder Rätselbuch in den Händen halten. Denn unser Verlag hat sich auf die Fahnen geschrieben, der Verlag zu sein, der am besten weiß, was Kinder wollen.

Die Quelle unserer Erkenntnisse bezüglich Lesererwartungen und ihrer Vorlieben sind professionelle Interviews, die wir regelmäßig mit Kindern und ihren Eltern durchführen. Die Ergebnisse fließen direkt in die Konzeptionierung unserer Buchreihen und Einzeltitel ein.

Das garantieren wir Ihnen:

- Bücher, mit Kindern entwickelt
- Bücher, von Eltern getestet
- Bücher, die Kinder cool finden und gleichzeitig Elternbedürfnisse erfüllen

Wir möchten für Sie immer besser werden:

Sollten wir mit diesem Buch Ihre Erwartungen nicht erfüllen, lassen Sie es uns bitte wissen! Wir freuen uns auf Ihre Kritik und Ihr Lob! Nehmen Sie einfach Kontakt zu uns auf und schreiben Sie uns, gern auch per E-Mail an ameet@ameet.de.

Ihr
AMEET VERLAG
Destouchesstraße 68
80796 München

Titel der englischen Originalausgabe:
„A Day at the Park", „Safety First" und „Night Hike" von Margaret Wang
Illustrationen: AMEET Studio

Manufactured by AMEET Sp. z o.o.
under license from the LEGO Group.

AMEET Sp. z o.o.
Nowe Sady 6, 94-102 Łódź – Poland
ameet@ameet.eu, www.ameet.eu

Erschienen in Deutschland, Österreich und der Schweiz im AMEET Verlag.

AMEET Verlag GmbH
Destouchesstraße 68
80796 München
Deutschland
www.ameet.de

www.LEGO.com

Übersetzung: Judith Händeler
Lektorat: Melanie Haitzer

ISBN 978-3-96080-663-9

ACTION IM DINOSAURIER-PARK

Mr.CHILL Ice Cream
"Stay Cool"
Menu
"Only the Best!"
"Only the Best!"
ER60253

INHALT

EINLEITUNG

Jurassic World ist ein hochmoderner Vergnügungspark, Heimat großer wissenschaftlicher Erkenntnisse und der einzige Ort auf der Welt, an dem man lebende Dinosaurier beobachten kann. Arbeitet man aber in dem Park und geht etwas schief, sieht das ganz anders aus. Begleite Claire Dearing und Owen Grady auf ihren Abenteuern und entdecke, was hinter den Kulissen wirklich passiert!

In der ersten Geschichte reißen zwei Baby-Dinosaurier aus und erkunden die Welt außerhalb von

Dr. Wus Labor. Dabei sorgen sie für allerlei Chaos. Werden die ACU-Ranger, die Sicherheitsleute des Parks, es schaffen, die kleinen Dinosaurier wieder heil nach Hause zu bringen?

In der zweiten Geschichte organisiert Claire voller Tatendrang einen Tag der Arbeitssicherheit im Park. Aber ist ein ganzer Tag ohne irgendwelche Pannen überhaupt möglich? Sie will es unbedingt herausfinden!

Zu guter Letzt testen Owen und Claire eine spannende neue Besucherattraktion. Aber sie müssen schnell handeln, als ihre friedliche Nachtwanderung, auf der sie die Dinosaurier im Dunklen beobachten wollen, plötzlich sehr gefährlich wird.

EIN TAG IM PARK

„Entschuldigung, Dr. Wu?", sagte eine Wissenschaftlerin und ging auf den berühmten Forscher zu. „Der Baby-*Triceraptos* und der Baby-*Ankylosauraus* … ähm … sie sind …"

„Einfach bezaubernd", beendete Dr. Wu den Satz der Wissenschaftlerin, ohne von seinem Computer aufzusehen. „Ich weiß. Viele unserer Gast-Wissenschaftler sind von meinen brillanten Arbeiten fasziniert. Mein Labor ist schließlich der einzige Ort der Welt, an dem Dinosaurier schlüpfen."

„Sie sind verschwunden, Dr. Wu", erklärte die Wissenschaftlerin. „Ich habe eventuell den Stall offengelassen."

Dr. Wu tippte weiter. „Wann war das?", fragte er ruhig.

„Vor ungefähr fünf Minuten", antwortete die Wissenschaftlerin.

Dr. Wu blickte auf. „Dann rufen wir besser unsere Sicherheitscrew“, sagte er und seufzte. „Sie müssen die kleinen Dinosaurier einfangen, bevor sie für Chaos im Park sorgen.“

„Die Dinosaurier oder die Sicherheitsleute?“, fragte die Wissenschaftlerin.

„Eben“, antwortete Dr. Wu, was die Wissenschaftlerin noch mehr verwirrte.

***

Auf der Hauptstraße von Jurassic World gab es jede Menge lustige Dinge, seltsame Geräusche und köstliche Gerüche zu entdecken. Das war viel interessanter als das kalte weiße Labor, in dem die Dinosaurier gehalten wurden und in dem ständig Hunderte Menschen umherliefen.

Während sie den Bürgersteig entlangmarschierten, bekam der Baby-*Triceratops* es mit einem gewaltigen

Gegner zu tun. Die Sonne wurde von dessen glänzendem Äußeren reflektiert, wodurch seine Augen schmerzten. Instinktiv senkte er den Kopf und rannte direkt gegen … einen Mülleimer. Das war die erste Herausforderung des Baby-Dinosauriers. Er strengte sich an, aber der Mülleimer gab nicht nach, also brach er seine Versuche ab. Er hatte in der Zwischenzeit ohnehin etwas Bekanntes entdeckt – riesige Dinosauriereier.

Der Baby-*Ankylosaurus* war währenddessen der Star eines unerwarteten Foto-Shootings! Eine Familie hatte ihn entdeckt, als er gerade einen Schluck Wasser aus dem Springbrunnen trank.

„Sieh mal, Mama!", rief ein Mädchen, als sie ein Foto machte. „Der Baby-Dinosaurier ist so süß! Glaubst du, er ist echt?"

Die Mutter des Mädchens antwortete: „Nein, das glaube ich nicht. Ein echter Baby-Dinosaurier dürfte niemals allein hier herumspazieren."

Der *Ankylosaurus* holte den *Triceratops* ein und die beiden Baby-Dinosaurier machten sich auf den Weg zu den riesigen Dinosauriereiern.

Als die Dinosaurier näher herankamen, sahen sie, dass in den riesigen Eierschalen Menschen saßen, die darauf warteten, dass sich das Gefährt in Bewegung setzte.

„Krass!", sagte ein Junge zu seinem Bruder und zeigte dabei auf den Baby-*Ankylosaurus*.

„Wahnsinn!", staunte sein Bruder. Er rief etwas Unverständliches in Richtung des Baby-*Triceratops*, um seine Aufmerksamkeit zu gewinnen.

Aber gerade als die Dinosaurier zu ihnen hinüber blickten, setzte sich das Karussell in Bewegung und ihr Ei fing an, sich zu drehen.

Damit hatten die Dinosaurier nicht gerechnet! Verängstigt rannten sie schnell zurück in Richtung Hauptstraße.

Was war das plötzlich für ein köstlicher Geruch? Die Dinosaurier vergaßen sofort das Karussell und machten sich zielstrebig auf zum Obststand.

Der Verkäufer wollte sich gerade einen Snack gönnen, als der Baby-*Ankylosaurus* den Stand mit

seinem Schwanz erwischte. Durch den Aufprall flog dem Mann die Melonenscheibe aus der Hand!

„Häh?", wunderte sich der Verkäufer, als er um die Vorderseite seines Stands spähte und sah, wie die kleinen Dinosaurier seinen leckeren Snack verspeisten.

* * *

Zur gleichen Zeit rief Dr. Wu vom Labor aus den Sicherheitschef Vic Hoskins an, um ihn darüber zu informieren, dass die Dinosaurier verschwunden waren.

„Geh bitte behutsam mit ihnen um, Vic", bat ihn Dr. Wu, „sie sind noch Babys."

„Meine Leute werden sich darum kümmern, Dr. Wu", versicherte ihm Vic. „Sie sind darauf spezialisiert, die Tiere wieder einzufangen, ohne ihnen Angst einzujagen, soweit das möglich ist."

Im Touristenbereich angekommen, teilten sich die ACU-Ranger in Zweiergruppen auf, um nach den Baby-Dinosauriern zu suchen. Die erste Gruppe fing im Andenkenladen an.

Einer der Ranger entdeckte einen *Ankylosaurus*-Schwanz, der sich hinter einem Berg Plüschdinosaurier hin- und herbewegte.

„Ziel in Sicht", teilte er seinem Kollegen über Funk mit. „Ich bewege mich drauf zu."

Er ging langsam auf den Baby-Dinosaurier zu, in einer Hand sein Netz. Er warf das Netz über den Dinosaurier, sodass er umfiel. KRACH!

Ein kleiner Junge, der ganz in der Nähe stand, fing an zu lachen. Der Ranger erkannte, dass er gerade einen großen Plastikdinosaurier überwältigt hatte.

„Das kann passieren“, sagte sein Kollege und klopfte ihm tröstend auf die Schulter. „Spielzeuge sehen heutzutage täuschend echt aus.“

Draußen suchte eine weitere Zweiergruppe die Hauptstraße ab. Einer der Ranger rief plötzlich aufgeregt: „Flüchtiger Dinosaurier entdeckt! Sein Fuß ist in einer Art Schnur verheddert. Einfangmanöver vorbereiten. Er ist vielleicht verletzt.“

Seine Kollegen nahmen ihre Betäubungspfeile heraus und rannten über die Straße. Als die Luft rein war, richteten sie ihre Pfeile auf den Dinosaurier und schossen sie ab. PLOPP! Aus dem Dinosaurier entwich plötzlich die Luft.

„Mein Ballon!“, schrie ein kleines Mädchen.

„Das tut mir sehr leid", sagte der Sicherheitsmann verlegen. Er griff einen Dinosaurierballon von einem Verkäufer, der ganz in der Nähe stand, und reichte ihn dem Mädchen. „Hier, nimm den hier."

Zur gleichen Zeit hatten Vic und die letzte Zweiergruppe am Karussell zwei Baby-Dinosaurier ins Visier genommen. Selbst Vic erkannte den *Ankylosaurus*-Schwanz des einen Dinosauriers und das markante Horn des *Triceraptos*. Die Baby-Dinosaurier waren abgelenkt, sie schubsten sich im Spiel gegenseitig herum. Der Zeitpunkt war perfekt, um sie einzufangen.

„Netzkanonen bereit?“, fragte Vic seine Leute.

„Ja, Sir!“, riefen sie laut.

Plötzlich schrie Vic „Jetzt!“ und die Männer feuerten sofort ihre Kanonen ab. Die Netze landeten auf den Baby-Dinosauriern. Vic lächelte stolz. Aber Moment,

einige besorgte Touristen halfen den Dinosauriern dabei, sich zu befreien!

„Bleib ganz ruhig“, sagte eine Frau zu dem *Triceratops*, während sie an dem Netz zog. „Wir helfen dir.“

„Nicht bewegen!“, sagte ein Mann mit ernster Miene zu dem zappelnden *Ankylosaurus*. „Du machst es nur schlimmer.“

Als sie näher herankamen, erkannten Vic und seine Leute, dass sie gar keine Baby-Dinosaurier eingefangen hatten. Sie hatten ihre Netze auf zwei Kinder in Dinosaurierkostümen abgefeuert!

Vic stand vor dem Labor. Er atmete tief ein und machte sich darauf gefasst, Dr. Wu die schlechten Neuigkeiten zu überbringen. Er hasste es, zugeben zu müssen, dass zwei neugierige Baby-Dinosaurier ihn geschlagen hatten.

Er sah, wie Dr. Wu aus dem Labor kam und auf ihn zuging. „Ich muss Ihnen sagen …“, setzte Vic an.

„Was für eine großartige Arbeit sie geleistet haben?“, fragte Dr. Wu. „Dank Ihnen und ihrer fähigen Crew sind die Dinosaurier wohlbehalten zurück und schlafen schon tief und fest! Ich habe jetzt ein Meeting, aber Sie müssen mir später erzählen, wie Sie das geschafft haben."

Vic starrte Dr. Wu verwirrt an. Dann fing er sich wieder. „Ich mache nur meine Arbeit, Dr. Wu", sagte er und lächelte freundlich.

SICHERHEIT GEHT VOR

„Wenn das jemand schafft, dann du“, sagte Claire Dearing zu sich selbst, als sie früh morgens in ihr Büro kam.

Als Managerin des Parks war Claire für die Betriebsabläufe verantwortlich und sie hatte den heutigen Tag zum Tag der Arbeitssicherheit erklärt. Sie wollte unbedingt einen Tag erleben, an dem kein einziger Vorfall im Sicherheitsbuch protokolliert werden musste. Kein Bericht über einen entlaufenen Dinosaurier und kein Bericht über einen Gast, der sich verirrt hatte. Das war alles, was sie wollte.

Claire hatte sich coole Sprüche zum Tag der Arbeitssicherheit ausgedacht und auf Kleidungsstücke für die Mitarbeiter drucken lassen. Nur eins war klar: Wenn der heutige Tag wirklich komplett ohne Vorfälle verlaufen sollte, musste sie die größte Gefahr von allen aus dem Weg räumen.

„Guten Morgen, Claire!" Mr. Masrani stürmte in einem seltsamen Gummianzug, in dem lauter Drähte steckten, in Claires Büro. „Sehen Sie sich meinen neuen Technik-Anzug an. Er ist hochmodern. Hoppla!" Als er sich umdrehte, fegten die Drähte alles von Claires Schreibtisch. „Diese Sensoren werfen ständig etwas um."

Claires Boss hatte viele Einträge im Sicherheitsbuch. Ob er aus Versehen mit seinem Helikopter das

Dach des *Pteranodon*-Käfigs abriss oder ob er ein brandneues Geländefahrzeug zu schrott fuhr – Simon Masrani war einfach ungeschickt.

„Den muss ich den ganzen Tag lang tragen", erklärte er. „Diese Sensoren sind an einem Computer angeschlossen, der ein Modell von mir erstellt. Bald kann ich Ihnen Nachrichten über eine bewegliche und sprechende animierte Version von mir schicken! Wäre das nicht genial?"

„Ha ha“, Claire lachte nervös. „Ja, das wäre in der Tat genial.“

„Ähm, Sir?“, Claire wechselte schnell das Thema. „Sie haben einen vollgepackten Tag vor sich.“

„Ich weiß, Claire. Ich habe die Banner und Poster gesehen, die überall hängen.“

„Haben Sie?“, fragte Claire stolz. Mr. Masrani nahm normalerweise keine Notiz von ihrer Arbeit.

„Ja, für die Sondervorstellung von allen drei ‚Tyrannenkönig der Echsen‘-Filmen auf dem Festland“, sagte Mr. Masrani. „Wenn ich jetzt gehe, bin ich pünktlich zum Ersten dort!“

Claire seufzte enttäuscht. Mr. Masrani hatte ihre harte Arbeit natürlich *nicht* wahrgenommen. Aber dann lächelte sie. Wenn Mr. Masrani den ganzen Tag weg wäre, hätte sie größere Chancen auf einen Tag ohne Überraschungen!

„Das sind hervorragende Filme, Sir“, sagte Claire zu ihrem Chef. „Beeilen Sie sich. Sie dürfen nicht zu spät kommen!“

Nachdem Mr. Masrani das Büro verlassen hatte, entschied Claire, einen Streifzug durch den Park zu machen und sicherzustellen, dass alle Mitarbeiter die Sicherheitsvorgaben befolgten.

Auf der Hauptstraße war alles an seinem Platz. Zwei Mitarbeiter fegten noch einmal den Bürgersteig. Als sie Claire sahen, hoben sie ihre Helme und ihre „Denk an die Sicherheit"-Kopfbedeckung kam zum Vorschein.

Es funktioniert!, dachte Claire.

Als sich der Park mit Besuchern füllte, machte Claire noch einen letzten Stopp im Andenkenladen. Die Verkäuferin lächelte und zeigte auf das „Sicherheit geht vor"-Banner, das hinter ihr hing. Claire musste schmunzeln.

Nach der Mittagspause sprang Claire in einen Jeep und fuhr zum Gehege, in dem verletzte und gefährliche Dinosaurier gehalten wurden. Owen Grady, der Tierverhaltensforscher des Parks, sah dabei zu, wie die Raptoren auf Knöpfe drückten, um an Leckereien zu kommen.

„Gibt es irgendwelche Zwischenfälle zu berichten, Owen?", fragte Claire.

„Was? Von mir?", fragte Owen. „Ich weiß, wie sehr du deinen Papierkram liebst, aber ich beobachte hier einfach nur das Verhalten der Raptoren und erforsche es." Die Raptoren brüllten vor Freude, sobald ein Leckerchen in Reichweite kam. Owen nahm seine Weste ab und darunter kam ein T-Shirt mit der Aufschrift „Sicherheit ist der Brüller!" zum Vorschein.

Claire lächelte: „Danke, dass du aktiv am Tag für Arbeitssicherheit teilnimmst, Owen!" Aber sofort verfinsterte sich ihre Miene. „Ich sollte als Nächstes besser bei der ACU-Sicherheitstruppe vorbeisehen."

Claire machte sich sofort auf den Weg zum Trainingsgelände der ACU. Dort wurden gefährliche

Sicherheit
ist
DER BRÜLLER!

Manöver mit Elektroschockern, Netzkanonen und Drohnen geübt, die oft einen Eintrag im Sicherheitsbuch zur Folge hatten.

Das ACU-Team stand in einem Kreis zusammen. Als Claire ankam, gingen sie auseinander, damit sie etwas sehen konnte.

„Wow“, stieß sie aus. In der Mitte erhielt gerade ein sehr ruhiger *T. rex* seine jährliche Zahnkontrolle.

„Ich präsentiere unsere brandneuen Standards für Zahnuntersuchungen“, sagte Vic. „Zum Glück braucht er keine Zahnspange.“

„Ich muss zugeben, das sind beeindruckende Sicherheitsmaßnahmen“, sagte Claire.

„Natürlich sind sie das“, antworte Vic. Er deutete auf den Anstecker, den er trug: „Sicherheit ist saurierstark!“

Es ist machbar!, dachte Claire. *Einen Tag ohne Vorfälle gibt es doch!* Mit ihren einprägsamen Sprüchen und ihrem praktischen Ansatz hatte sie das Unmögliche möglich gemacht.

Die Sonne ging schon unter und der Himmel schimmerte golden. Claire nahm einen Umweg zurück ins Büro und fuhr durch eine grasende *Gallimimus-Herde*, die mit ihren straußenartigen Schnäbeln Blätter und Insekten aufpickten.

Als sie an der *Mosasaurus*-Lagune vorbeikam, erinnerte Claire sich daran, wie ein bedeutender Forscher dort fast gefressen worden wäre. Aber heute glitzerte das ruhige Wasser in den letzten Sonnenstrahlen und bildete den perfekten Abschluss von Claires friedlichem Tag.

„Da sind Sie ja, Claire!", begrüßte sie Mr. Masrani, als sie zurück ins Büro kam. „Das war ein super Film-Marathon! Ich hatte sogar eine neue Idee.

Marshmallows in Dinosaurierform! Wir könnten einen Verkaufsstand nur mit Dinosaurier-Leckereien eröffnen. Kümmern Sie sich darum!“

„Klingt gut, Sir“, sagte Claire. Nichts würde ihr ihren wunderbaren Tag verderben. Sie drehte sich um, um sich auf ihrem Bürostuhl niederzulassen.

Da rutschte ihr Fuß plötzlich auf einem Stift auf dem Teppich aus. Es war derselbe Stift, den ihr Boss morgens von ihrem Schreibtisch gefegt hatte. Sie stürzte zu Boden.

Mr. Masrani streckte Claire eine Hand hin, um ihr wieder aufzuhelfen. Er zog ein bisschen zu kräftig und sie stieß sich ihren Kopf an einer Ecke ihres Schreibtisches.

„Au!", stieß Claire aus und fasste sich an den Kopf.

„Oh je“, sagte Mr. Masrani.

„Schon gut, Sir“, sagte Claire, um die Sache herunterzuspielen.

„Ich glaube, sie haben eine Beule an der Stirn“, sagte Mr. Masrani und beugte sich vor, um die Stelle genauer zu betrachten. Dabei goss er sowohl seine Popcorn-Tüte als auch seinen extragroßen Fruchtsaft über Claires Kopf aus.

„Hoppla!“, sagte er.

„Das ist kein Problem, Sir", presste sie mit zusammengebissenen Zähnen hervor. „Ich glaube, ich gehe jetzt nach Hause."

„Gute Idee", sagte Mr. Masrani. „Ruhen Sie sich aus."

Seufzend packte sie ihre Sachen zusammen und ging zur Tür.

„Oh, Claire!", rief Mr. Masrani. „Vergessen Sie nicht, Ihren Unfall im Sicherheitsbuch einzutragen. Sie wissen schon … Sicherheit geht vor!"

NACHTWANDERUNG

Claire fächerte sich mit der Hand Luft zu. Es war ein warmer, schwüler Abend auf Isla Nublar. Als sich ihre Augen an die Dunkelheit gewöhnt hatten, sah sie, dass der Himmel mit leuchtenden Sternen übersät war. Darunter sah das Tal aus wie eine weiche grüne Decke, die sich um den Vulkan am Horizont schmiegte.

„Diese Nachtwanderung wird dir gefallen, Claire" versicherte ihr Owen. „Hier sind nur wir und die Dinosaurier natürlich."

„Das wäre ein tolles Erlebnis für unsere Hotelgäste", gab Claire zu. Dann dachte sie einen Moment nach. „Aber werden die Dinosaurier nicht alle schlafen?"

„Die meisten werden auf den Wiesen schlummern", erklärte er, „aber unsere großen sanftmütigen Pflanzenfresser brauchen viel Nahrung, die werden noch spät abends wach sein und fressen."

„Sieh dir diese coolen Tracking-Armbänder für unsere Gäste an“, sagte Owen und gab Claire eins davon. „In dem unwahrscheinlichen Fall, dass jemand von der Gruppe getrennt wird, können wir die Person auch im Dunklen schnell wiederfinden. Sicherheit geht vor!“

„Ich bin beeindruckt!“, sagte Claire. Als sie das Armband umlegte, hörte sie ein KNACK!-Geräusch hinter sich.

Claire erschrak: „Was war das?"

Plötzlich trat eine Person aus dem Gebüsch hervor.

„Vic!", zischte Claire. „Was machen Sie hier?"

„Mr. Masrani meinte, Sie und Grady würden eine Nachtwanderung machen, also dachte ich, Sie brauchen vielleicht Begleitschutz", erklärte Vic.

Das Trio wanderte durch das *Gallimimus*-Tal. Es war friedlich und still, abgesehen von Vics gelegentlichen Sprüngen über einzelne Büsche, um nach möglichen Bedrohungen zu sehen.

Als die Gruppe einem riesigen *Brachiosaurus* dabei zusah, wie er an den Baumkronen knabberte, hörten sie plötzlich ein Rascheln.

„Blue! Wie bist du hierhergekommen?“, rief Owen aus, als das Raptoren-Weibchen aus einem Gebüsch trat.

„Grady“, sagte Vic mit ernster Miene, „warum ist der Raptor nicht auf seiner Wiese?

Owen schluckte. „Ich hätte ihr wohl nicht beibringen sollen, wie man auf Knöpfe drückt, um an Leckereien zu kommen“, flüsterte er Claire zu.

Er drehte sich zu Blue um, aber die Dinosaurier-Dame war schon auf Entdeckungsreise gegangen.

„Fangen Sie Ihren Dinosaurier ein, Grady“, murrte Vic, „bevor ich meine Leute rufe!“

Owen, Claire und Vic liefen ihr hinterher. Vor einem *T. rex*-Gehege holten sie Blue ein.

„Blue, was soll das? “, rief Owen verärgert. „Das ist eine Nachtwanderung, kein Nachtrennen!“

Mit ihren ausgezeichneten Raptorenaugen erblickte Blue einen leuchtenden Knopf und lief sofort hin, um darauf zu drücken. Das Tor öffnete sich.

„Grady!", dröhnte Vic.

Owen rannte los, um das Tor wieder zu schließen, aber es war zu spät.

Der weit aufgerissene Kiefer eines *T. rex* schoss durch die Bäume und ein lautes Brüllen ertönte. Die Nachtwanderer erstarrten.

„Ich rufe Verstärkung“, flüsterte Vic. Er kramte in seinen Taschen und stöhnte. „Ich muss mein Handy verloren haben.“

Owen dachte nicht lange nach und warf Claire seinen Rucksack zu. „Ich lenke den *T. rex* ab! Du kannst mein Tablet benutzen, um mich im Auge zu behalten."

Owen pfiff und machte sich mit Blue auf den Weg. „Hier drüben!", rief er dem *T. rex* zu, der sofort hinter ihnen herrannte.

„Wir müssen ihm helfen!", schrie Claire. Im gleichen Moment fiel ihr ein, dass Mr. Masrani für den Notfall mehrere Jeeps auf dem Gelände versteckt hatte. Ausnahmsweise war sie dankbar für seine verrückten Ideen. Sie rannte von einem Baum zum anderen und zog an den Ästen und Schlingpflanzen, um nach versteckten Fahrzeugen zu suchen.

„Ich habe eins!", schrie sie endlich. „Vic! Sie fahren, damit ich Owen im Blick behalten kann!"

Vic sprang auf den Fahrersitz und startete den Motor. Claire blickte auf das Tablet. „Owen ist auf der Hauptstraße“, berichtete sie. „Oh nein! Er hat angehalten … oder ist gefangen.“

Vic gab Vollgas. Sekunden später sahen sie Owen und Blue, die sich mit ihren Rücken gegen eines der Restaurants pressten. Der *T. rex* schnappte mit dem Kiefer, als er auf sie zukam. BRÜÜÜLLLL!

Claire wurde plötzlich in ihren Sitz zurückgedrückt, denn Vic ließ den Motor aufheulen und bretterte auf den *T. rex* zu.

„Bereitmachen für den Aufprall!“, schrie Vic.

„Was?!“, rief Claire entsetzt.

Gerade als sie fast mit dem großen Dinosaurier zusammengeprallt wären, fing der Wagen an zu stottern und blieb abrupt stehen.

„Nicht jetzt!“, stöhnte Vic.

Sie hatten kein Benzin mehr! Anscheinend hatte Mr. Masrani einen wichtigen Aspekt vergessen. Er hatte die Notfalljeeps nicht vollgetankt, bevor er sie versteckt hat.

Als der *T. rex* herumwirbelte, um den Jeep zu zertrampeln, sprangen Vic und Claire aus dem Wagen. Vic rollte sich über den Bürgersteig und hielt direkt neben Owen an. Claire brachte sich in Sicherheit.

Der *T. rex* wandte sich wieder den Menschen zu.

Vic griff in seine Tasche. Sie war leer. „Sie haben nicht zufällig Beruhigungspfeile dabei, oder?“, fragte er Owen.

„Nein“, antwortete Owen. Die beiden Männer schluckten, als der *T. rex* näher kam.

Owen atmete tief ein. „Wenn Sie ihn ablenken, kann ich vielleicht einen Vorsprung gewinnen und ihn zurück zum Gehege locken.“

„Auf keinen Fall!“, sagte Vic und blickte sich wie verrückt um. „Ich meine, ich kann nicht … ich kann sie nicht allein gehen lassen. Außerdem brauchen wir einen anderen Jeep.“

„Wie wäre es mit einem Eiswagen?“, rief Claire, die damit hinter dem *T. rex* auftauchte. „Der Tank ist voll. Ich habe nachgesehen!“

Claire drückte auf die Hupe, um den *T. rex* abzulenken. Owen und Vic sprangen in den Wagen. Dann drückte Claire auf einen Schalter und es ertönte Musik. Claire fuhr in Richtung des *T. rex*-Geheges und der Dinosaurier folgte ihr. Er war wie verzaubert von der fröhlichen Musik. Sie fuhr mit dem Eiswagen direkt auf die umzäunte Wiese, dicht gefolgt von dem *T. rex*.

„Auf drei laufen wir los!“, befahl Claire. „Eins … zwei …“

Vor ihren ungläubigen Augen fiel auf einmal das Tor zu.

„Oh nein, Blue!“, schrie Owen. Der Raptor war ihnen gefolgt, hatte auf den Knopf gedrückt und sie alle im Gehege eingesperrt. Blue sah Owen an, in freudiger Erwartung eines Leckerchens.

Der *T. rex* drehte sich schnell um und versperrte den Ausgang.

„Ganz toll!“, schrie Vic. „Und jetzt?“

Mr. CHILL Ice Cream
Stay Cool
Menu
"Only the Best!"
"Only the Best!"
ER60253

„Sie sind doch der Sicherheitsexperte“, fauchte Claire ihn an.

„Beruhigen Sie sich, alle beide“, sagte Owen, an einen Gefrierschrank gelehnt. „Wir müssen den *T. rex* ablenken, aber …“

„Moment! Weg da!“ Vic schubste Owen beiseite und öffnete den Gefrierschrank. Er griff hinein und holte einen Arm voll Eis am Stiel, Eiscreme-Sandwiches und fruchtigen Sorbets heraus. „Mag der *T. rex* Eiscreme?“

Bevor irgendjemand darauf antworten konnte, warf Vic dem *T. rex* etwas von dem Eis zu. Er lächelte triumphierend, als der Dinosaurier die Leckereien aus der Luft fing und im Ganzen verschluckte. Dann warfen Claire und Owen das restliche Eis in die gegenüberliegende Ecke des Geheges. Während der *T. rex* seinen Mitternachtssnack verspeiste, rannten sie zum Tor. Owen drückte auf den Knopf und das Tor öffnete sich. Schnell hechteten sie nach draußen.

„Puh, ich muss schon sagen, das war eine aufregende Nachtwanderung“, sagte Claire, nachdem das Tor wieder sicher verschlossen war.

„Gut, dass ich hier war, um zu helfen", sagte Vic, während er das letzte Eis verputzte, das er extra für sich zurückbehalten hatte.

Owen sah Blue an, die noch immer auf ihr Leckerchen wartete, und schüttelte den Kopf. „Für dich gibt's keinen Mitternachtssnack, Fräulein!"

GLOSSAR

ANKYLOSAURUS

Ein gepanzerter Pflanzenfresser, der mit Knochenplatten und Stacheln bedeckt ist. Am Ende seines Schwanzes hat er eine Keule.

BRACHIOSAURUS

Ein sehr sozialer und sanfter Pflanzenfresser und einer der größten Dinosaurier im Park.

CLAIRE DEARING

Stellvertretende Leiterin des Parkbetriebs in Jurassic World. Sie sorgt dafür, dass die Abläufe im Park funktionieren und die Gäste mit ihrem Besuch zufrieden sind.

DR. HENRY WU

Ein brillanter Wissenschaftler, der im Labor von Jurassic World arbeitet. Er entwickelte die Technologie, um Dinosaurier zu erschaffen.

GALLIMIMUS

Ein zahnloser Pflanzen- und Fleischfresser und ein sehr schneller Läufer.

JURASSIC WORLD

Ein fantastischer Themenpark, in dem lebende Dinosaurier erschaffen und den Touristen gezeigt werden .

MOSASAURUS

Ein großes, fleischfressendes Meeresreptil.

OWEN GRADY

Mutiger Tierverhaltensforscher und *Velociraptoren*-Trainer von Jurassic World.

PTERANODON

Ein fliegendes Raubtier, das seinen scharfen, zahnlosen Schnabel hauptsächlich zum Fischfang verwendet.

SIMON MASRANI

Milliardär und Besitzer von Jurassic World. Er erfindet immer wieder neue aufregende Attraktionen für die Besucher.

TRICERATOPS

Ein Pflanzenfresser mit drei Hörnern, einem Schnabel und einer großen Halskrause.

TYRANNOSAURUS REX

Dieses wilde, fleischfressende Raubtier, das normalerweise als *T. rex* bezeichnet wird, ist die beliebteste Attraktion in Jurassic World.

VELOCIRAPTOR

Dieser hochintelligente Fleischfresser, kurz Raptor genannt, ist sehr schnell.

VIC HOSKINS

Als Sicherheitschef von Jurassic World leitet er eine Truppe von Sicherheitsleuten, die ACU-Ranger.

Ein weiteres spannendes Dinosaurier-Abenteuer aus Jurassic World

„Gefahr in Jurassic World™"

ISBN 978-3-96080-602-8

€ 7,99 (D) / € 8,30 (A)